SCM

Stiftung Christliche Medien

Der SCM Verlag ist eine Gesellschaft der Stiftung Christliche Medien, einer gemeinnützigen Stiftung, die sich für die Förderung und Verbreitung christlicher Bücher, Zeitschriften, Filme und Musik einsetzt.

Soweit nicht anders angegeben, sind die Bibelverse folgender Ausgabe entnommen:
Neues Leben. Die Bibel, © der deutschen Ausgabe 2002 und 2006 SCM-Verlag GmbH & Co. KG, Witten.
Weiter wurden verwendet:
Einheitsübersetzung der Heiligen Schrift, © 1980 Katholische Bibelanstalt, Stuttgart. (EU)
Gute Nachricht Bibel, revidierte Fassung, durchgesehene Ausgabe in neuer Rechtschreibung, © 2000 Deutsche Bibelgesellschaft, Stuttgart. (GNB)
Hoffnung für alle® Copyright © 1983, 1996, 2002 by Biblica, Inc.®.
Verwendet mit freundlicher Genehmigung von `fontis – Brunnen Basel. (HFA)

Gesamtgestaltung: Provinzglück GmbH · www.provinzglueck.com
Illustration Titel: shutterstock/ Macrovector
Druck und Bindung: CPI books GmbH, Leck
Gedruckt in Deutschland
ISBN 978-3-7893-9778-3
Bestell-Nr. 629.778

Annette Penno

UND JETZT DU!

 *Selber leben. Selber glauben.*
Dein Buch zur Konfirmation.

SCM

INHALT

ES GEHT LOS

Willkommen im Ernst des Lebens!
Okaaay. Das ist ein total blöder erster Satz. Ich versuch's nochmal:

Juhuuuu, heute beginnt das Abenteuer deines Lebens!

Echt wahr. Nur vielleicht ist dir überhaupt nicht klar, was deine Konfirmation mit Abenteuer zu tun haben soll … (außer vielleicht, dass du das Ende des Unterrichts mit Spannung erwartet hast?). Dann ist das Buch hier genau das Richtige für dich. Mit einem Abenteuer ist das nämlich eine wirklich wichtige (also doch fast ein bisschen ernste) Sache:

Wenn du nicht richtig vorbereitet bist, wirst du vielleicht nicht als Held draus hervorgehen. Aber wenn du es klar vor Augen hast, die richtige Route nimmst und nicht so leicht aufgibst, wirst du es grandios meistern: dein abenteuerliches Leben. Dein großes Glück.

Und dabei will dir dieses Buch zur Seite stehen. Mit ein paar Wegweisern, Gedanken und kreativen Ideen zum Ausprobieren. Und mit einem, den du in deinem Alltag vielleicht gar nicht so wirklich erwartest, der aber trotzdem anwesend ist und immer wieder zwischen den Seiten auftauchen wird. Dein absoluter X-Faktor, der dir den Rücken stärkt, wie es sonst niemand kann, wenn du ihn lässt: Gott.

SO PLEASE, GET READY:
DEIN ABENTEUER WARTET!

ABENTEUER-PACKLISTE

Stell dir mal vor, du könntest alles, was du dir vom Leben erhoffst, in einen Survival-Rucksack reinpacken. All das, was dir das Gefühl gibt, dass du lebst, dass du zählst. Welche Sachen gehören für dich dazu? Und wie viel brauchst du von jeder Sache? Wenn dir noch etwas auf der Liste fehlt, dann trag's einfach ein …

Liebe	1 = gaaanz wenig 10= total viel
treue Freunde	1 2 3 4 5 6 7 8 9 10
berühmt sein	1 2 3 4 5 6 7 8 9 10
Recht haben	1 2 3 4 5 6 7 8 9 10
Haus, dickes Auto, Boot	1 2 3 4 5 6 7 8 9 10
in Frieden leben	1 2 3 4 5 6 7 8 9 10
Hoffnung haben	1 2 3 4 5 6 7 8 9 10
den Highscore im Videogame knacken	1 2 3 4 5 6 7 8 9 10
beliebt sein	1 2 3 4 5 6 7 8 9 10
Traumfrau erobern	1 2 3 4 5 6 7 8 9 10
nur an sich denken	1 2 3 4 5 6 7 8 9 10
Spaß haben	1 2 3 4 5 6 7 8 9 10
durchhalten können	1 2 3 4 5 6 7 8 9 10
Pornos gucken	1 2 3 4 5 6 7 8 9 10
erfolgreich sein	1 2 3 4 5 6 7 8 9 10
Welt verbessern	1 2 3 4 5 6 7 8 9 10
für Gerechtigkeit sorgen	1 2 3 4 5 6 7 8 9 10
	1 2 3 4 5 6 7 8 9 10
	1 2 3 4 5 6 7 8 9 10

SAMMELT
EURE REICHTÜMER
IM HIMMEL, WO SIE WEDER
VON MOTTEN NOCH VON ROST
ZERFRESSEN WERDEN UND
VOR DIEBEN SICHER SIND.

MATTHÄUS 6,20

INNEN-DRIN-SCHÄTZE FINDEN

Es gibt schlaue Leute, die erforschen das Glück. Also das, was uns zufrieden macht. Und in ihren Untersuchungen stellen sie immer wieder fest: Geld und Ruhm machen nicht glücklich. Sondern so etwas wie Freunde, eine sinnvolle Aufgabe oder auch Hilfsbereitschaft.

Hmmm. Das sind alles Dinge, die man mit Geld nicht kaufen kann. Dafür machen sie einen aber von innen reich. Weil sie unvergänglich sind. Scheint, als hätte Gott auch schon gewusst, was zum echten Glück gehört.

Wobei fühlst du dich lebendig und froh?

Wie sieht dein inneres Glück aus?

Was macht dich zufrieden,
das man nicht mit Geld kaufen kann?

Woran kannst du dich immer freuen,
auch wenn's dir mal nicht gut geht?

DIE ZUKUNFT MALEN

Groß und geheimnisvoll. So liegt sie vor dir: deine Zukunft. Spürst du Vorfreude – oder eher ein mulmiges Gefühl im Bauch? Das machen unbekannte Dinge schon mal. Aber keine Bange, deine Zukunft kann genauso gut ganz wunderbar werden!

Versuch, sie ein bisschen zu sehen: Horch in dich hinein, jage deinen Wünschen, Sehnsüchten und Hoffnungen hinterher, und bau dir in Gedanken deine Zukunft, mit allem, was du sein, tun und werden möchtest. Aufregend. Bedeutsam. Einfach zum Bewundern.

So atemberaubend krass, dass du sie vor lauter Vorfreude kaum erwarten kannst. Hör auf deinen Bauch und lass deine Fantasie damit ein paar Spins hinlegen …

DIE ZUKUNFT MALEN

Was ist dein größter Wunsch?
Wobei spürst du richtig viel Begeisterung in dir kribbeln?
Wie würdest du gerne in fünf Jahren sein?
Was würdest du dann tun, welchen Job würdest du lieben?
Wie möchtest du in zehn Jahren leben?
Was sollen andere über dich mal sagen?

Schreib dir die stärksten Eindrücke, zu denen du ganz laut JAAAA schreien könntest, schön auf und häng dir deine „Zukunft" übers Bett. Wenn dann nämlich Sorgen und Zweifel kommen wollen, erinnert das Bild dich daran: So gut kann es werden!
Vielleicht machst du dir auch gleich einen Zettel, auf dem so etwas steht wie:

> @ SORGEN, ÄNGSTE UND ZWEIFEL:
> ZUTRITT VERBOTEN!

ZIELE ANPACKEN

Wenn du dich voll Power in deine Zukunft geträumt hast, dann hast du bestimmt den einen oder anderen richtig großen Wunsch. Vielleicht ist der so groß, dass du gar nicht weißt, wie du da hinkommen sollst, weil er dir wie ein riesengroßer Berg erscheint.

Aber auch riesengroße Berge kann man bezwingen. Schritt für Schritt.

1. Den Berg in Etappen zerlegen.

2. Check-Liste machen: Was brauchst du noch – Ausrüstung, Fähigkeiten, Hilfe? Von wem kannst du lernen?

3. Zeitpunkte setzen, wann du was angehen willst.

4. Fanclub aus Menschen bilden, denen du vertraust und die dich anfeuern.

5. Erfolge feiern. Schau, wie weit du schon gekommen bist! Schmeiß 'ne Party. Klopf dir auf die Schulter. Sag Danke für alle Hilfe. Und tanke dadurch ganz viel Kraft und Motivation für den nächsten Schritt!

MUNTERMACHER MITNEHMEN

GLAUB NIEMANDEM, DER DIR SAGT:
DAS SCHAFFST DU NICHT!
WER WEISS DENN SCHON,
WAS NOCH ALLES IN DIR STECKT?
GLAUB LIEBER DEM, DER DIR SAGT:
ICH GLAUB AN DICH!

„WAS HEISST HIER:
‚WENN DU KANNST'?",
SAGTE JESUS.
„WER GOTT VERTRAUT,
DEM IST ALLES MÖGLICH."

MARKUS 9,23

Bitte, bitte gib jetzt nicht auf,
mach dich nicht klein.
Halte durch, halte durch
und sei ohne Furcht,
denn du bist nicht allein.

Deine Schritte begleitet einer,
der durch Wände geht,
Tod und Ängste besiegt,
der dich endlos liebt,
auf deiner Seite steht,
der dein Leben wie sonst keiner
nach XXL verschiebt.

SCHLAUE ENTSCHEIDUNGEN TREFFEN

Das eigene Glück hat gar nicht so viel mit tollen Chancen zu tun, sondern eher damit, welche Entscheidungen man trifft.

Wenn das stimmt, dann ist es klug, Entscheidungen zu treffen, die einen glücklich machen, oder? Dabei gibt es aber ein Geheimnis: Richtig glücklich macht das, was auf lange Sicht zu etwas Gutem führt – und nicht das, was sich bloß im Moment gut anfühlt ...

CHECK MAL:

Was kommt bei welcher Entscheidung auf kurze und auf lange Sicht heraus?

» Mich in Mathe hängen lassen, auch wenn ich damit den Anschluss verliere – oder nicht?

» Den Kumpel nach einem doofen Streit ignorieren – oder nicht?

» Mich bei meiner Mutter rausreden, die gerochen hat, dass ich neulich gelogen habe – oder nicht?

....

....

....

....

....

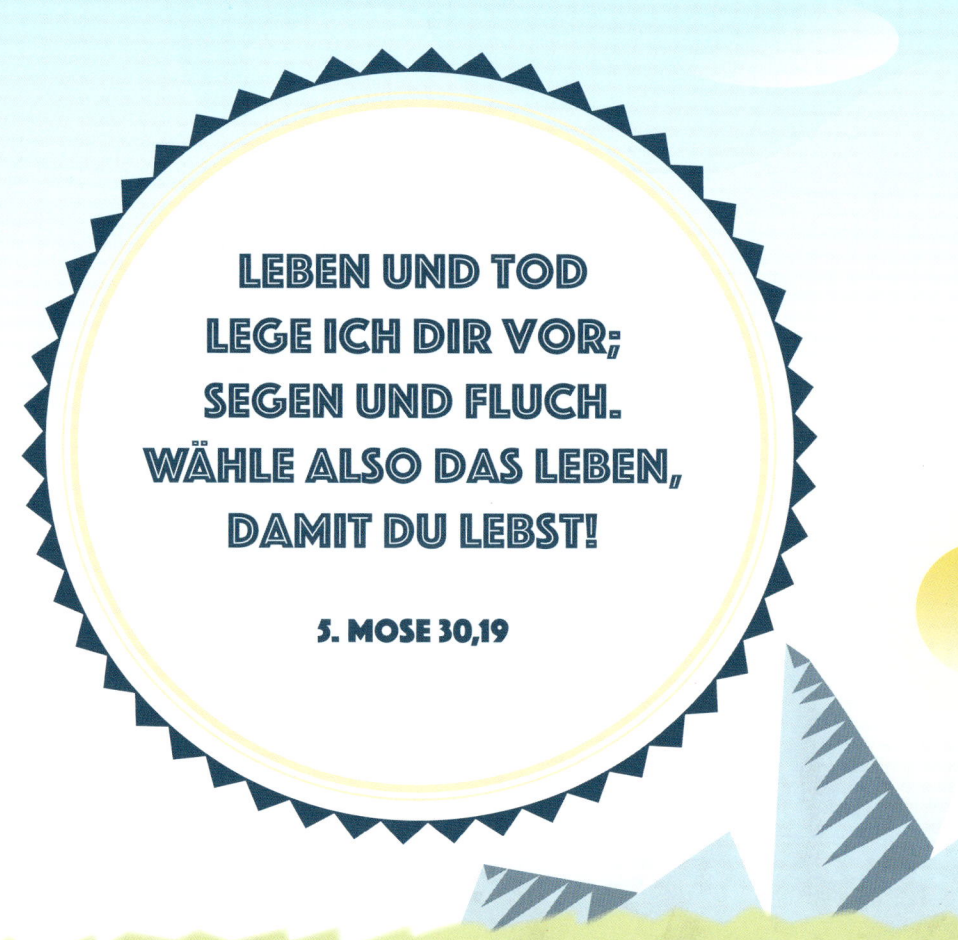

LEBEN UND TOD
LEGE ICH DIR VOR;
SEGEN UND FLUCH.
WÄHLE ALSO DAS LEBEN,
DAMIT DU LEBST!

5. MOSE 30,19

1. Schau schnell nochmal auf Seite 9 nach, was zu deinem Lebensabenteuer dazugehören soll. Diese Dinge – vor allem die, die man mit Geld nicht kaufen kann – sind dein Entscheidungskompass. Da willst du hin.

2. Überleg jetzt vor deiner nächsten Entscheidung: Was kommt wahrscheinlich auf lange Sicht dabei heraus, wenn ich mich so entscheide? Und was, wenn ich mich anders entscheide? Welches Ergebnis zeigt Richtung Glück?

3. Naaa? Is klar – dann wählst du natürlich genau das, was mit deinem Entscheidungskompass übereinstimmt.

4. Und jetzt klopfst du dir lobend auf die Schulter. Sag dir was richtig Nettes. Du hast damit nämlich schon den Sieg über deine Herausforderungen eingestielt, indem du Verantwortung übernommen und klug gehandelt hast. Wow!!!

SCHLECHTE LAUNE AUSKNOCKEN

Manche Tage sind so. Da ist alles doof. Und die gute Laune ist offline. Da hilft nur eins, damit dein Tag nicht im Meer der schlechten Stimmung versinkt: Übernimm die Führung und hol das Gute zurück!

LISTE DIE DINGE AUF, DIE DICH FRÖHLICH MACHEN.
MEINE GUTE-LAUNE-LISTE SIEHT SO AUS:

» 10 Minuten Tanzen zum Lieblingssong in Dauerschleife

» Kakao trinken

» Urlaubsfotos angucken

» ans letzte coole Konzert denken

» mit der besten Freundin quatschen

» Lieblingshoodie anziehen

Und jetzt du. Und dann ein paar Sachen erledigen und abhaken. 🙂

○ ....

○ ....

○ ....

○ ....

○ ....

○ ....

WER DANKBAR
DAS ERKENNT,
WAS WIRKLICH GUT IST,
LEBT GLÜCKLICHER!

DANKBARKEITSBRILLE AUFSETZEN

Klingt nett. Aber du siehst grad nix Gutes, wofür du dankbar sein könntest? Dann wirf in Gedanken eine Angel in dein Leben und zieh alles raus, was echt gut ist. Sieh es dir genau an. Das ist dein Schatz, dein unverdientes Glück, dein Gegenmittel zu Alles-ist-doof-Tagen.

Und jetzt Stoppuhr, Zettel und Stift raus!
Schreib zwei Minuten lang auf, was heute schon ziemlich toll war ...
(Ich wette, dein Herz schlägt jeden Morgen? Und du hast ein warmes Bett und genug zu essen? Na also, dir fällt noch mehr ein! 🙂)

BOCKMISTMÜLL WEGSCHAFFEN

Argh, da ist es passiert.
Irgendwas hat deine mieseste Seite zum Vorschein gebracht.

Verletzende Worte. Ätzendes Benehmen. Bitterböse Blicke.

Und jetzt ist da dieser unsichtbare Graben zwischen euch, der sich wie ein Funkloch anfühlt. Verbindung unterbrochen.

So ist das mit dem Bockmist, den man verzapft. Er reißt immer irgendein Loch. Ins Vertrauen, in die Freundschaft, ins Herz.

Und jetzt?

- » Die Sache ignorieren.

- » Heimlich dem anderen die Schuld zuschieben.

- » Schweigen.

- » Sich im Recht fühlen.

- » Keine Verantwortung übernehmen.

- » Aussitzen.

- » Allein bleiben.

- » Mutig sein.

- » Stolz runterschlucken.

- » Eigenen Bockmist benennen.

- » Über sich hinauswachsen.

- » Sich entschuldigen.

- » Erleichtert fühlen.

- » Versöhnung feiern.

ODER EINE BRÜCKE BAUEN

ENTSCHULDIGUNG-EXPERIMENT

WEISST DU, WAS DEN ANDEREN VERSÖHNLICH STIMMT, WENN DU DICH ENTSCHULDIGEN WILLST? PROBIER'S AUS – DENN JEDER HAT SEINE EIGENE VERZEIH-SPRACHE.

» Gestehe es ein: Es tut mir leid!

» Übernimm Verantwortung: Es war mein Fehler!

» Biete eine Entschädigung an:
  Wie kann ich das wiedergutmachen?

» Zeig Bereitschaft, es nicht wieder zu tun:
  Es soll nicht wieder vorkommen!

» Bitte um Vergebung:

WILLST DU MIR VERGEBEN?

DOCH WENN WIR IHM
UNSERE SÜNDEN BEKENNEN,
IST ER TREU UND GERECHT,
DASS ER UNS VERGIBT UND UNS
VON ALLEM BÖSEN REINIGT.

1. JOHANNES 1,9

SCHULD-LOS-PARTY SCHMEISSEN

Sammelt ein paar Steine und benennt, womit ihr euch verletzt habt. Schreibt jede Sache auf einen eigenen Stein. Und jetzt macht's wie Gott: Geht zusammen zu einer Flussbrücke oder an einen See (wenn ihr kein Meer in der Nähe habt) und werft mit Karacho die Steine ins Wasser.

Freut euch, dass ihr es gut hinbekommen habt, das aus der Welt zu schaffen, was ihr verbockt habt. Das ist echt ein Grund zum Feiern.

Du wirst mit uns Erbarmen haben und alle unsere Schuld wegschaffen; du wirst sie in das Meer werfen, dort, wo es am tiefsten ist.

Micha 7,19

VERGEBUNG VERSUCHEN

Lieber Gott,

ich will aber gar nicht vergeben. Das, was mir angetan wurde, ist nicht fair, es war zu schlimm. Ich will viel lieber Rache. Vergeltung. Nur ... damit wird's noch schlimmer. Ich werde noch wütender, wenn ich ständig dran denke. Mein Schmerz wird stärker, mein Ärger kocht über. Ich komme nicht los, wenn ich daran weiter festhalte. Vielleicht ... ist es deswegen deine gute Idee, loszulassen?

Weil es mir guttut, diesen Mist nicht mit mir rumzutragen? Das ist schwer, aber ich will es versuchen, weil du mir hilfst. Damit ich mich innendrin wieder freier fühle.

Amen.

BESTE FREUNDE WERDEN

Gute Freunde sind wie die Lieblingsstreusel auf dem Donut. Wie der Wind beim Kiten. Wie warme Socken. Wie ....
Und wie ....

Wie gut, dass du sie hast! Oder wünschst du dir, dass sich eine Freundschaft verändert? Und du: Bist du der beste Freund, der du sein kannst?

Macht den Check, wie es um die Gute-Freunde-Eigenschaften steht. Einmal für deinen bestem Kumpel (in grün), einmal für dich selbst (rot). Und dann sag laut Danke. Und vielleicht leise Bitte. Und nimm dir vor, das zu tun, was aus dir selbst einen noch besseren Freund machen würde.

Geheimnisse für sich behalten

nicht nachtragend sein

zusammenhalten

nicht hinterm Rücken reden

zuverlässig sein

hilfsbereit sein

Spaß haben

Mut machen

ehrlich sein

1 = ähm, wö.   10= toootaaal!

1 2 3 4 5 6 7 8 9 10
1 2 3 4 5 6 7 8 9 10
1 2 3 4 5 6 7 8 9 10
1 2 3 4 5 6 7 8 9 10
1 2 3 4 5 6 7 8 9 10
1 2 3 4 5 6 7 8 9 10
1 2 3 4 5 6 7 8 9 10
1 2 3 4 5 6 7 8 9 10
1 2 3 4 5 6 7 8 9 10

ENTSCHULDIGUNG-EXPERIMENT

FREUNDE FALLEN NICHT VOM HIMMEL, SIND ABER EIN GESCHENK DES HIMMELS. DARUM PASS GUT AUF SIE AUF UND INVESTIERE ZEIT UND HERZBLUT, DAMIT IHR LANGE ZUSAMMEN ABENTEUER BESTEHEN UND EUCH DURCH DUNKLE ZEITEN SCHLEPPEN KÖNNT.

FRAGEN ZUM UNTERSTÜTZEN, NOCH-BESSER-KENNENLERNEN UND SPASS HABEN:

» Was können wir unternehmen, was dir riesigen Spaß machen würde?

» Was soll ich am besten sagen/tun, wenn das Leben zuschlägt?

» Was sollte ich auf keinen Fall tun, weil es dich sehr ärgern würde?

» Wie soll deine Traumfrau sein?

» Was ist dir mal Peinliches passiert?

» Angenommen, du gewinnst eine Million: Wofür gibst du zuerst Geld aus?

ICH BIN DIE AUFERSTEHUNG
UND DAS LEBEN.
WER AN MICH GLAUBT,
WIRD LEBEN,
AUCH WENN ER STIRBT.

JOHANNES 11,25

HELD DER WELT

Superman. Spiderman. Sie retten, was geht. Weil es nötig ist. Jesus auch. Aber er tut das in echt – sagt er. Und das Beste: Wenn du ihm glaubst, bietet er dir seine Kraft an. Damit du es ihm nachmachen und die Welt zu einem besseren Ort machen kannst. Deswegen ist die alles entscheidende Frage: Wer ist er für dich?

Furchtloser Teufelskerl, mit Ecken und Kanten
verdammt coole Sau, stark und schlau
voller Leidenschaft fürs Gute
und alles, was recht ist
Rockstar einer anderen Zeit
Retter und Räuber der Toten
Hier auf unserem Grund und Boden
(D)ein Held von Golgatha?

Oder
Lieber Langweiler, wehrloses Weichei
zahm und ungefährlich, harmloser Mann
mit langem Bart
weit weg in den Wolken
irgendwo im Nirgendwo
ohne Draht
zum Jetzt und Hier
und mir und dir?

IHR SEID DAS LICHT DER WELT –
WIE EINE STADT AUF EINEM BERG,
DIE IN DER NACHT HELL ERSTRAHLT,
DAMIT ALLE ES SEHEN KÖNNEN.
UND GENAUSO LASST EURE GUTEN TATEN
LEUCHTEN VOR DEN MENSCHEN,
DAMIT ALLE SIE SEHEN KÖNNEN UND
EUREN VATER IM HIMMEL
DAFÜR RÜHMEN.

MATTHÄUS 5,14.16

Vielleicht hat's noch keiner gewagt,
dir noch nicht gesagt:
Du bist der Held in deiner Welt!
Du kannst was rocken, mit Gutem schocken
Feigheit und Gewalt und Mobbing dissen
Du gehörst zur Einheit royaler Rebellen,
die alles, was zerstört, auf den Kopf stellen,
weil sie immer wieder ganz genau wissen:
Es muss etwas Größeres geben,
als nur für sich selbst zu leben
Du streitest für die mit dem Rücken zur Wand
für was Besseres, das zurückgeholte Paradies
Denn du siegst mit dem einen Hand in Hand,
der für dich und alle sein Grab verließ.

ÄTZENDES AUSHALTEN

Nicht aufgeben. Durchhalten. Abwarten.
Ausdauer ist super! Mit ihr kommst du schneller ans Ziel, weil du dann bei echten Schwierigkeiten nicht einknickst.

Schätz mal: Wie gut kannst du nervige Alltagssituationen aushalten?

1 = ähm, nö.   10= toootaaal!

an der Einkaufsschlange stehen
1 2 3 4 5 6 7 8 9 10

auf einen Riesenwunsch sparen
1 2 3 4 5 6 7 8 9 10

warten, bis jemand zu Ende geredet hat
1 2 3 4 5 6 7 8 9 10

Und – alles gut? Ansonsten: Diese tolle Eigenschaft kann man üben!

Mach dich mit dem unangenehmen Gefühl vertraut und entdecke deine Stärke, mit der du was dagegenhalten kannst, indem du …

» … dich beim nächsten Sturm gegen den Wind stemmst, solange du kannst.

» … nach einer fiesen Bemerkung bis zehn zählst, bis der Ärger runterkocht.

» ....

» ....

» ....

» ....

DANN SAGTE JESUS:
„KOMMT ALLE HER ZU MIR,
DIE IHR MÜDE SEID UND
SCHWERE LASTEN TRAGT,
ICH WILL EUCH
RUHE SCHENKEN."

MATTHÄUS 11,28

KRAFTTANK ANZAPFEN

Lieber Gott,

jetzt hab ich tapfer durchgehalten und kann nicht mehr. Hab alles gegeben und ich glaub, jetzt ist nichts mehr übrig. Ich brauch Kraft von woanders, in mir ist nix mehr drin. Ich brauch von deiner himmlischen Tankstelle die tröstenden Worte, die ich hören muss, die Ermutigung, die mich weitergehen lässt, den Frieden, der mich ruhig schlafen lässt, deine Liebe, die mich unverwundbar macht, wenn alles andere gegen mich ist.

....

....

....

Dein

ANGST ABSCHIRMEN

FLUGZEUGABSTÜRZE. ERDBEBEN. KRIEGE.
EINE SCHLIMME KRANKHEIT. MAMAS UND PAPAS
SCHEIDUNG. JEMANDEN VERLIEREN, DEN MAN LIEBT.
OMG!

Manchmal macht das Leben Angst. Und was hilft dann gegen den eiskalten Schrecken, der sich im Herzen festsetzt? Wo ist der Ort, an dem man sicher ist? Wem kann man die Worte glauben, die man dann hören muss: „Fürchte dich nicht. Alles wird gut."?

ICH HABE EUCH
DAS ALLES GESAGT,
DAMIT IHR IN MIR FRIEDEN HABT.
HIER AUF DER ERDE WERDET IHR
VIEL SCHWERES ERLEBEN.
ABER HABT MUT, DENN ICH HABE
DIE WELT ÜBERWUNDEN.

JOHANNES 16,33

ICH SAGE DIR:
SEI STARK UND MUTIG!
HAB KEINE ANGST UND
VERZWEIFLE NICHT.
DENN ICH, DER HERR,
DEIN GOTT, BIN BEI DIR,
WOHIN DU AUCH GEHST.

JOSUA 1,9

VERTRAUE AUF MICH,
WENN DU IN NOT BIST,
DANN WILL ICH DICH ERRETTEN,
UND DU SOLLST MIR
DIE EHRE GEBEN.

PSALM 50,15

ANGST ABSCHIRMEN

Stell dir bewusst einmal einen Ort vor, an dem du dich total sicher fühlst. Male ihn dir in Gedanken richtig angenehm aus. Baue dir Schutzmauern oder was du brauchst, um geschützt zu sein. Und dann halte dir die Anti-Angst-Sätze vor Augen, sprich sie in Gedanken nach. Vielleicht hörst du ja sogar eine innere Stimme, die sie dir zuspricht. Lass die Kraft und Fürsorge dieser Sätze in dein Herz plumpsen.

Wenn du das ein bisschen einübst, kannst du diesen inneren Schutzort immer und überall aufsuchen.

Bisschen crazy? So ist das mit Gott.

Er ist eben nicht von dieser Welt. Aber dafür mittendrin.

Bei dir.

DANN SAGTE JESUS:
„KOMMT ALLE HER ZU MIR,
DIE IHR MÜDE SEID UND
SCHWERE LASTEN TRAGT,
ICH WILL EUCH
RUHE SCHENKEN."

MATTHÄUS 11,28

OHNE ENDE

Uaah, das klingt fast wie das Ende einer kitschigen Soap-Episode, stimmt's? So was schaust du ja eh nie, aber wenn – dann müsste man die Augen verdrehen, weil man weiß, dass das Versprechen nicht hält.

Aber der Satz kommt ja nicht aus irgendeinem Drehbuch, sondern aus der Bibel von Gott. Und schön wär's doch, oder? Jemanden zu haben, der dich absolut liebenswert findet, auf deiner Seite ist, egal was passiert oder was du anstellst, der mit dir unterwegs ist – in allen dunklen und allen glorreichen Momenten deines Lebens?

Dann tu einfach mal so, als ob du das glauben könntest. Stell dir vor, wie das wäre.

Nur für einen Moment. (Das sieht ja keiner.)

Jetzt.

Vielleicht hast du mit dem, was du dir vorgestellt hast, gerade ein kleines Wunder erahnt. Einen Blick auf die großartige Freundschaft erhascht, die Gott sich mit dir wünscht, und du bist ganz kribbelig, weil du was ganz Spannendes witterst.

Dann leb drauflos. Glaub drauflos. Nur so kannst du es meistern.

Dein großes, glückliches Lebensabenteuer.